JN418903

시골 아낙
인생 이야기

시골 아낙 인생 이야기

정영숙 지음

책나무출판사

시인의 말

또다시 시덥잖은 글 가지고 두 번째 시집을 내게 되었다. 5년 만인데 그 5년이 내 인생에서 제일 긴 5년이었다. 자녀 둘 모두 출가하고 행복하게 사는 모습도 보게 되었고 손자들도 태어나, 모이는 날이면 시끌벅적 사람 사는 소리 나고 두 명 모두 가까이 살아서 출가한 것이 실감이 나지 않을 때도 있고, 생각해 보지도 않았던 내 인생 졸업식도 앞두고 있다.

졸업하기는 조금 이르지만 그래도 가벼운 마음으로 그날을 맞이할 준비된 상태로 편안한 마음이 되어진 것도 모두 가족들 힘이다.

참 고마운 일이다. 이 글을, 더구나 난필을 옮겨 쓰기도 힘들었을 텐데, 기꺼이 협조해준 우리 지은, 민혁에게 가슴 찡하게 고마운 마음이다.

– 정영숙

▩ 목차

1부

2부

덧

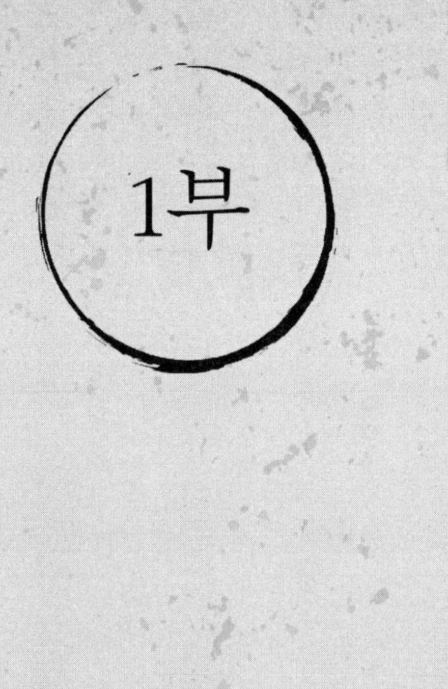

1부

평범한 일상

칠월 초 어느 날 아침
여느 날과 다름없이
밭으로 간 아빠는
대파밭에 돌을 줍고
옥수수 잎 훑어주고
간식으로 저장고 속 수박 먹고
재미나게 일을 한다.
날씨는 장마 중이라
오락가락 비 오는데
덩달아 따라 나간 나도 여기저기 구경하다.
빨래들 널고 싶어 하늘을 쳐다본다.
늦게 자고 늦게 깨는 딸내미는 아직도 꿈속이고
순돌이만 이리저리 나를 따라 뛰고 있다
아빠 손에 옥토 된 땅에서는 이것저것 잘도 큰다.
너무도 평범한 이 아침이
먼 훗날 어느 날엔
그때가 좋았노라
회상하게 될 것 같다.

어느 날

하늘이 청명하다
가을날 같다
그러나 지금은 삼복 중 하나
한낮에는 폭염주의보 예보도 있고
중북부 지방은 물 폭탄 진행 중이다
그래도
이 하늘에
이 바람에
실감이 안 나
기분 좋은 이 아침을 한껏 마신다
하루의 시작 끝이 길기도 하고
작다는 한반도가 크기도 하다

여름

계절의 복병 여름
어디로 도망갈 수도 없고
숨어 버릴 곳도 없어
어쩔 수 없이 마주치는 계절
온 세상을 불태우겠다는 심산인지
아니면 내 몸을 습지로 만들어 낼 작정인지
극한 상황까지 몰고 가서
드디어는 뚜껑이 열리게 하는 계절
잠시 피해보려 에어컨 작동하면
그때부터 시끄러운
알레르기 비염 재채기 소리
이만하면 충분한 고통인데
거기에 또 추가되는
모기 파리 날파리의 공격

여름

솟아나는 용트림에
예쁘다 예쁘다
위안받을 사이도 없이
봄의 자리를 차지한 여름
너무 짙푸른 산야는 소름이 돋고
달려드는 해충들도 소름이 돋고
달리는 차에 부딪혀 전사한
하루살이 무리들은 비릿한 여운을 남기고
숨 쉬기도 힘든 이 공기의 무게와
주체할 수 없이 흐르는 땀방울의 역습에
언제쯤 시원한 바람이 씻어 주려나
간절한 마음으로 하늘을 봐도 아직은 멀었노라고
조금 더 성숙해져야만
고운 가을 아씨를 모셔온다네

모기

너무 더워 잠 못 들다 언뜻 잠들다
귓가에서 앵앵앵 모기가 운다
너를 좀 먹겠다고
헌혈하라고

먹어야 되겠으면 살며시 먹지
경고하는 그 소리가 더 짜증 난다

눈에다 불을 켜고 색출을 한다
가만가만 조심조심
고양이 같다

전에 잡은 흔적이 벽에 묻었다
이번에는 조심하려 마음먹지만
그놈이 나의 피를 너무 먹었다

자연이 전하는 소리

비가 오고 있다
텃밭에서 쑥쑥 크는 노랫소리가 들린다
우산 쓰고 쪼그려 앉아 들여다본다
어제는 더웠노라고
목도 말랐노라고
그래서 몸은 단련되고
간만에 오늘 이 비가
더욱 단비 된다고
소곤소곤 가만가만
살아가는 얘기를 전하고 있다

가을

와! 가을이다
아! 가을이다
오! 가을이다
으흠! 가을이다
지난밤에 내린 비가
요술처럼
여름을 데리고 갔다

초가을

어느 날 갑자기
하늘이 높게 뛰어오르고
바람이 시원하다
한낮에는 뜨거워서
꿈이었나 착각한다
높고 푸른 하늘 아래
살랑바람 불어오고
그 속에서 크는 곡식
눈에 띄게 여문다
여름인가
가을인가
알쏭달쏭한 계절
더워도 습기 없고
서늘해도 산뜻하다

밤송이

가을 숲으로 바람이 분다
후드득 알밤이 떨어진다
폭풍우 치고 뜨거운 여름 내내
꼭 품고 키워낸
밤알 떨궈내며
빈 밤송이
입 벌리고 허허롭게 웃는다

안쓰런 밤알
차마 못 떨친 밤송이
밤을 품고 장렬하게 낙하하였다
늙어서 까칠한 껍질로
다 큰 밤을 더 지켜주겠다는
굳은 의지 하나로
앙다문 입술로
세상과 맞서고 있다

낙엽

바람에 휘몰리는 낙엽
정처가 없다
어느 나무에선가
나름의 생 마감하고
어느 날 모두는 하나가 되었다
잘났다고 한껏 뽐냈을 잎도
못 생기고 벌레 먹어
움츠리고 살았을 잎도
이제는 그냥 낙엽일 뿐……
그저 하나 되어 쌓여있는
떨어진 나뭇잎일 뿐……

가을꽃

맑은 하늘 아래 피어나는 가을꽃
예쁘고 반가운데 애잔한 마음
된서리 비바람에 못다 피면 어쩔까
그 꽃의 씨앗은 어찌 되려나
혼자서 조바심 나 꽃 순을 본다
가을에 핀 청춘이 마음 쓰여서
며칠만 더 빛을 주오
기도를 한다

갈대

반짝반짝 곱게 머리 빗은 갈대
소슬바람에 세상 구경 나왔다
바람에 몸을 맡기고 즐거워한다

바람 먹고 성숙해진 갈대
풍성한 머리 풀어헤치고
요염하게 웃는다
그 모습이
꽃보다 더 예쁘다는 걸 스스로 안다
온 들녘의 바람을 받아 안는다

좋을 줄만 알았던 그 바람
어느새 차가워지고
찬바람에 찢기고 뜯긴 갈대 무리들
서로를 어루만지며
위로하고 위로받는다

단풍

울긋불긋 곱게 물든 단풍
세상을 어떻게 살아냈으면
저런 처연한 아름다움으로
최후를 기다릴까
탄생의 기쁨 만끽하고
마음껏 푸르다가
때를 알고
손바닥 활짝 펴고
이제는 가겠노라
행복했노라
노래하는
저 단풍의 일생을 닮고 싶다

가장

팍팍하고 험한 세상
가장살이 힘에 겹다
너와 내가 협력하며
한 가정을 이루지만
그래도 가장의 의무
두 어깨를 짓누른다

누구는 애처가고
누구는 부자 되고
마누라 하는 소리
그냥 흘려버리지만
나도 그리하고 싶다
그 누군들 아니 할까

먹고 살길 마련하면
두 어깨가 쭉 펴지고
그리되지 못할 때면
영락없는 죄인이다
그렇다고 칭찬받나

당연한 의무란다

여자 삶이 힘들다지만
말도 못 하는 남자들은
속으로 애가 탄다
목숨을 재촉한다
그 노고를 잊지 말고
늙은 후에 괄시 마소

베이비 붐 세대

우글우글 태어나서
귀한 대접 못 받고 자라
배움 길도 팍팍하고
공장살이 산업 역군
허허벌판 기둥 되고
보릿고개 해결하고

위로는 부모 공양
아래로는 상전 자식
고군분투하다 보니
이제 그만 쉬시란다

머리는 반백이나
아직 일할 기운 있고
모아둔 재산 없어
앞날이 막막하다
이제부터 시작인데
어서 그만 쉬시란다

분하고 허퉁하다
마음이 정처 없다
나 있는 자리에서
최선을 다했지만
앞으로 남은 일은
처자식 눈치 보기

듣는 이

입 다물고 귀는 열고
듣는 이 되고 싶다
귀 기울이며 듣는 이
온유하고
자애롭다
그런데 왜 입이 자꾸 마중 나갈까
더 많은 말 하고 싶어
온몸이 근질근질
수다 떨다 돌아오면
남는 것은 후회뿐

가엾은 청춘

고생의 끝은 배움뿐이라고
굳게 믿는 부모 밑에
귀한 몸으로 태어나서
좋은 것 먹고 입고
이것저것 체험하고
이제는 성인이라 독립해야 하건만
맘에 맞는 일자리는 하늘의 별 따기라
이삼 년을 공부해도 취직은 요원하다
나 자신이 바보 같고
키운 부모 뵐 낯없고
어쩔 수 없어 손 내미니
내민 손이 부끄럽다
고속도로 어디 있나
사방팔방 다 막혔다
가슴속도 꽉 막혀서
토하노니 한숨뿐

노무현을 기리며

여기는 전라도
이곳 정서 그대로
노무현을 사랑했다
열렬히 환호했다
그가 당선됐을 때 너무 기뻤다

하는 일 모두가 성에 안 차고
물가의 아이처럼 마음 졸였다
대통령감 아니라고 내 손 탓했다
그래도 끝까지 남은 쌓인 미운 정

그러다가 퇴임하고 밀짚모자 썼다
자전거와 그 모자가 너무 좋았다
천성이 착한 양반
보고 싶었다
우리도 이제는
퇴임 대통령의 좋은 예를 보는가 했다

어느 날 갑자기 세상 떠났다

죽음으로써 살아남은 대통령 됐다
그래도 지금도 만나고 싶다
밀짚모자
자전거
시골 아저씨

거미의 꿈

지난날 쉬지 않고 촘촘히 짜놓은 집
간밤의 굵은 빗줄기에
흔적마저 간데없어
아침 일찍 일어나서 또다시 집 짓는다
제대로 지은 집에 걸려든 양식
배부르게 골라 먹고 남은 양식 상할세라
건조대에 걸어 놓는다

심심하면 화가 되어 길게 한 획 그어보고
어설프게 집 지어서
구사일생 혼비백산하는
미물들 모습 구경하니
하루해가 너무 짧다
가는 세월 아쉽구나
부지런히 일을 해야
여유도 생각한다.

내 고향

내 고향은 원심이
산으로 빙 둘러서 그런 이름 되었나
스치고 지나가면
특별한 것 하나 없는 퇴락한 동네
나에게만 가슴 뛰는 정겨운 그곳

세월 속에 사람들도 낯설어지고
어서 오라 반기는 이 하나 없는데
그 산천은 어째서 나를 부르나

시원하고 청명한 어느 가을날
추억 속의 그 사람들 모두 모여서
신명 나게 운동회나 해 보았으면

환갑을 앞에 두고

삭신도 아프고 허리 다리 전신이 아프다 아프다
여기까지 오면서 마음도 다치고 꿰매고
아프다 아프다
소싯적에 삐딱 구두 짧은 치마
옷장 속에 걸쳐있고
그 시절 어제인 듯 꿈속인 듯 잡힐 듯하건마는
거울 속에 중늙은이 어설프게 웃고 있다
몸 따라 마음도 가면 초연하게 마주 볼까
마음만 청운이라 더욱 서럽다

늦가을 풍경

갈대가 서걱대는 싸한 어느 가을의 된서리가
이제까지 식탁의 먹거리가 되어주던
아욱 호박의 잎새들 축축 늘어뜨리고
배추 시금치 파 잎은
아직 견딜 수 있을 때
거두어 달라고
애원하듯 나를 보는 것 같다
그 된서리 이기고 은행나무는
아직도 절반의 잎사귀를 매달고 있는데
부는 바람에 훌훌 날려서
금방 벌거숭이가 될 것 같은 모습에
보는 이의 마음이 더 조심스럽다
자의로 타의로 비어가는 고독한 이 계절이
너무도 아름답다
가슴으로 세상을 보게 한다

예단 이불

아들이 장가간단다
예식 날도 정해졌다
실감이 안나다가
청첩장이 인쇄되고
예단 이불 들어왔다

이제야 현실 같다
펼쳐 덮기 너무 고와
머리에 이고 자야 할 것 같다
내 평생 이런 이불
언제 다시 덮어볼까
이리저리 쓰다듬다
며느리 맘 전해진다

이 이불 장만할 때
그때의 나와 같이
잘하고 잘 살리라
그런 다짐 했으리라

이제부터 내 탓이다
우리 둘이 잘 사는 건
오늘의 이내 마음
포근하게 간직하며
기나긴 인생사에
좋은 선배 되어보자

내 아들 장가가는 날

엊그제 기저귀 뗀 것 같은
내 아들이 장가간다
히죽히죽 헤벌쭉
체면도 없이 좋아한다

천사 같은 내 며느리 화사하게 입장한다
아빠도 웃고 나도 웃고 온 가족의 축제이다
오랫동안 못 본 이들 여기저기 인사한다
세월 속에 변한 얼굴 고맙고도 반갑구나

아빠는 축사하고
아들 며느리 큰절하고
내가 갑자기 어른 같다
좋으면서 서운하다

잡은 두 손 놓지 말고
잘 먹고 잘 살거라
영원토록 행복해라
가슴으로 하는 기도

하늘에도 닿았으리

형제

가족 잔치 벌어졌다
형제들이 다 모였다
먹고 웃고 떠들고 정신이 없다
빙 둘러본 모습들이 나와 흡사해
공연시리 눈시울이 뜨끔해진다
춥고도 긴 겨울밤
엄마 옆자리 다툼하고
아무것도 아닌 일에 싸우고 또 화해하고
우리끼리만 살 것 같던 어린 날의 그 믿음
날 저물어 헤어질 때 내 새끼 네 집 찾아가고
네 것 내 것 따로 있어 뭔가 많이 변했어도
그 형제들 좋은 일에 내 일같이 기분 좋고
힘들고 아파할 때
같이 아픈 내 형제

손

할 일이 없는 것도 아닌데
우두커니 멍하니 앉아 있다가
무심코 두 손 내려다본다
온 세상을 직접 만지며
육십 년을 살아낸 손
상처투성이 주름투성이다
예쁘게 장식도 하는 것에서
오로지 일하는 기구로 전락당한 손
나의 가여운 두 손
그래도 그 손으로 아이들 키워내고
아픈 마음도 다독이고
따뜻하게 세상 품은 손
비틀리고 주름진 지금도
불평 없이 임무 수행 중인 손
가슴 찡하게 네가 대견하고
네가 고맙다

첫눈

단풍잎도 남아 있고
늦게 핀 가을꽃도 분주한데
흰 눈이 온다
이제는 겨울이라고
더는 못 기다린다고

눈 맞은 여린 꽃
그래도 웃는다
함박눈이 서리보다 푸근하다고
제 갈 길 알려줘서 차라리 고맙다고

첫눈이 솜뭉치처럼 내린다
녹으면서 쌓이면서
펑펑 내린다

봄눈

눈이 옵니다
바람에 휘날리며
눈이 옵니다
이미 봄이어서
매화꽃도 피고
산수유도 피었는데
그 연약한 꽃잎 위로 사정없이 눈이 쏟아집니다
보는 눈은 매정하고
오는 눈은 뜬금없고
이 눈은
가는 겨울의 눈물일까요
오는 봄의 시샘일까요

봄

세월은 가고
봄은 또 오고
힘겹게 한 해를 살아내고
또다시 맞이하는 봄
지난 세월이
나도 너만큼 힘들었지만
지금은 봄이라고
새롭게 시작하자고
꽃들이 처음처럼 피어나며 속삭이지요
만물이 지난날의 아픔을 잊어버리고
새살이 돋아나길 기다리듯이
너도 지금 이 봄을
두 팔 활짝 벌리고
처음 맞이하는 기쁨으로 보듬으라고

해

아침에 뜨는 해가 눈 부시다
간밤엔 비바람이 요란했는데

아침에 뜨는 해가 활짝 웃는다
간밤에 고달팠던 내 마음을 만진다

아침에 뜨는 해가 온 세상을 밝힌다
간밤에 지쳐버린 내 정신도 깨운다

고향의 꿈

온 삭신 쑤시고 아프고
기침 콧물 혼합되고
지독한 감기 끝에
고향 나들이 나섰다네

칼을 들고 자루 메고
뚝에서는 나물 캐고
냇가에선 다슬기 잡고
고개 들어 산천 보니
오는 봄이 들썩이네

온 가족이 손 보태어
나물 무쳐 멋을 내고
잡은 다슬기 국 끓이니
그 냄새 구수하다

추억 맛에 된장 향에
쌉싸름한 다슬기 맛
형제들 입 분주하다

먹고 먹고 또 먹는다

엄마 얼굴 웃음 가득
효도가 별것인가
즐기면서 효도한다
땀 흘리며 병을 쫓고
그날 밤에 집에 와서
불면증도 쫓아냈다

간사한 마음

아이고 삭신이야
너무 힘들다

엄살은 무슨 엄살
정말 아프다

마음이 아프다
아프던 삭신이 그립다
이번 한 번만 잘 견뎌내면
평범함의 행복에 감사하겠다

그 마음 어디 갔나
지루하고 나른하고
어느 때가 되어서야
두 발로선 이 현실에
만족하려나

유럽

서쪽에 있는 나라
부자들만 갈 수 있다고 믿어온 나라
어느 날 갑자기 그곳에 내가 갔다
동쪽과 서쪽의 거리만큼 차이가 나고
생김새 가치관 풍경들
놀라고 감탄하고 조금은 실망하고
이십 년 전 다녀온 동남아 여행
아직도 마음의 양식이 되듯
두고두고 꺼내먹을
커다란 보따리들 싸 들고 왔다

스위스

아름다운 나라
요들송의 나라
듣던 그보다도 더 아름다운 나라
사람은 안 되고
신선이나 노닐어야 할 것만 같은 나라
깨끗하고 풍요로운 들판
그 위로 하얀 설산들
사이사이 쏟아지는 폭포들은
조금 전 선녀가 목욕하고 떠났을까
가축도 행복하고
사람도 행복할 것 같은 나라
전생에 어떤 덕을 쌓아야
그런 곳에서 살 수 있을까
하루 동안 머물다 온 그곳이
참 많은 생각이 되어
내 안에 머문다

조용한 도시

독일의 대학 도시
하이델베르크 언덕
조용하고 고요하고 공기도 깨끗하고
바쁜 여행 중에 휴식 같이 만난 그곳
언덕 아래 평화로운 마을
그 사이로 흐르는 강
언젠가 꿈에선가 본 것만 같은 풍경
고된 여행 중엔
이런 마음이 호강하는 시간이 필요하다고
나무를 안아보고
잔디에 앉으면서
마음아
어서 이 행복을 만끽하라고

이태리

명품의 나라
마피아의 나라
소매치기 천국
그것은 내 생각 속의 이태리 풍경

코끼리 코 만지듯 잠시 본 이태리는
예술의 나라
고대의 나라

그것을 감상하는
내 무식한 해석

천장에 저 그림을 그리면서
저 무거운 대리석을 가져오면서
어떤 많은 사람들이
어떠한 고초를 겪어 냈을까

배설구를 찾아서

낯설고 물설은 몽마르뜨 언덕에서
노천의 뜨거운 태양 아래서
수많은 사람들이 오가는 길가에서, 수많은 사람들이
우아하게 먹고 있는 이상한 광경도
무명 화가들의 그림 그리는 손놀림도
아무것도 보이지 않네
오직 배설구를 찾아 헤맬 뿐
평소에 잘 먹고 배설하고 거기에 길치이고
아! 그런데 배설구가 없네
그 흔한 화장실 표기
그 흔적을 찾을 수가 없네
환장하겠네
진땀이 나고 창피도 하고
덩치도 좋은 사람들이
다들 먹고 있고만
그들은 입구만 크고
출구는 없나
이해할 수가 없네

비행기

비행기를 탄다
고소공포증이 생긴다
뭐 잘못한 건 없나 반성을 한다

서쪽으로 달린다
오후에 탄 비행기는 해와 달려서
목적지에 도착해도 해가 떠 있다
지구가 둥근 것도
서쪽으로 달린 것도
아무것도 상관없고
긴긴 여행 후에도 떠 있는 둥근 해가
마냥 낯설다

나리꽃

곱고도 화사하다
피어나는 나리꽃
너의 예쁜 자태를 어찌하라고
나무 뒤에 숨어서 수줍게 피고 있나

그냥 그대로 그리 봐주지
화분으로 옮길까
꺾어서 가져갈까
궁리하는 이 마음은
어떤 것일까

들꽃

바람도 시원한 어느 날
숲속으로 들어갔다
이름 없는 들꽃들이 피고 있었다
저렇게 예쁜 꽃에 왜 이름이 없는 걸까
혹시 내가 그 이름을 못 부른 건가

그냥 들꽃
그 이름이 어울리는 꽃들도 피고 있었다
말을 한 번 걸어주면
행복해할 것 같아
가던 걸음 멈추고서 어루만진다

한량들

선거철 돌아왔다
여지없이 조아린 머리
한 번만 뽑아주오
본때를 보이겠소
전화벨이 시끄럽고
듣는 귀도 시끄럽고

그 선거에 당선되면
어깨에 힘을 주고
걷는 걸음 거만하고
엊그제 치른 홍역
언제였나 잊는다

세상사

커지고
뭉치고
커져서 뭉친 덩어리는 더욱 커지고
세상이 거대한 괴물과 같다

그 뭉치에 눌린 삶
쪼그라들고
남들이 커져서
더욱 쪼그라들고

저 거대한 덩어리는
왜 지들끼리만 굴러갈까
원망도 되고

집

먹고 자고 싸우고 건설하고
내가 살고 있는 집
떠날 때 뒤돌아보고
이것저것 단속하고
돌아와서 보는 집은
조금은 낯선 냄새

치우고 닦고 피곤해도
아무렇게나 늘어놓고
사지 펴고 드러눕고
내 치부를 다 보여도
부끄럼 없고 안전한 곳
떠나가서 생각하면
더욱더 그리운 곳

집 전화

따르릉따르릉
전화벨이 울린다
모두 있는 핸드폰만 바라보며
전화 소리 외면한다

가정주부 아내, 엄마
내가 드디어 움직인다
오래된 친구의 안부 전화다
전화번호 확인하는
조심스런 목소리
옛것 같고 필요 없다 괄시받아도
가끔은 자기 몫을 단단히 한다

새벽을 여는 소리

부스럭부스럭
새벽을 여는 소리
먼 옛날 두부 장사 방울 소리가
들릴 것만 같은 새벽

새날을 여는 두런거리는 부산함과
경쾌하고 바쁜 발걸음 소리
뭔가 좋은 일이 있을 것만 같은 소리
공연시리 나도 같이 장단 맞추고 싶은 소리

바람

바람이 분다
남쪽에서 분다
꽁꽁 언 대지에
꽁꽁 언 마음에
남쪽의 봄소식을 전한다

참혹한 밤에도
새벽이 열리듯이
끝이 없을 것 같은
이 엄동설한도
바람이 녹여준다

모든 것은
지나고 지나고 지나간다고
조금만 참고 기다리는
마음만 가져 달라고

등나무

등나무 그늘 아래
퇴색한 시집 한 권 들고 앉아
한 페이지 열어보고
그 꽃 한 번 쳐다보고
나른한 하품 한 번 해보고
스르르 눈도 감겨진다

번잡한 도시공원
등나무 그늘 아래
찾는 이 없는 것이
오히려 어색한
시원하고 고요한
등나무 그늘 아래

상념

딱히 뭔가 할 일이 있는 것도 아니고
그렇다고 무료하지도 않은
나른한 오후
감나무 그늘 아래 앉아
무심히 고개 들어 올려다본다
무수히 매달려 있는 열매
또 떨어지고 있는 열매
같은 나뭇가지인데
무엇이 저들의 운명을
갈라놓는 걸까

비둘기

찌든 도시 한가운데
기우뚱기우뚱
먹이 찾아 헤매는
비둘기 부부
세월의 무게가
날개에 앉아 있다
희망을 전하고
평화를 노래하던
그 전설은
어디로 가고
오염되고 습한
도시 한가운데
누군가 구원의 손길을
기다리는
초라하고 늙은
비둘기 부부

시간을 보내며

시간을 보내며
이 시간이
빨리 가기를 바라며
기다리는 두 손
절로 모은다

어서 이 고통의 시간이 지나가고
태양 가득한
평화의 시간이 돌아오라고
그 태양처럼
행복하게 웃을 수 있는 시간이
어서 오라고

옥수수

엊그제 씨 뿌린 옥수수
어느새 그리 자랐나
살랑 바람에
사각사각
스치는 소리
비를 맞아 뿌리 크고
햇빛으로 열매 맺어
오동통통 결실 맺고

차가운 바람에
빈 가지 맞기며
바삭바삭
말라가는
옥수수 잎새

부부 1

남남으로 만났다
어제는 모르는 사람이었다
이리하면 잘 살까
저리하면 더 잘 살까
둘의 합작품 자식을 기르면서
둘이 붙어 앉아 궁리를 한다

생각이 다르다
언어가 다르다
치열하게 전투한다
걸어가는 뒷모습도
미워죽겠다

그 사람이 아프다
겁부터 더럭 난다
혼자 사는 세상은
상상도 못 해봤다
노심초사 지극정성
간병을 한다

피붙이보다 가깝고
어떤 때는 남인 것 같고
그러면서 한평생을
같이 걷는다

마음

기분이 하늘을 날고 있다
행복하고 충만하다
감사한 것들이 너무도 많다
놓치기 싫은 이 순간이 너무 벅차다

그 기분 지하로 직하한다
나에게만 왜 이러나
뭔 인생이 이러하나
한탄하고 탄식하고
불면의 긴 밤이 너무 서럽다

기분이 좋은 것도
그 기분 나쁜 것도
마음의 중심에
무거운 축 하나
들여놓으면
그럴 것도 없건마는
그 마음 하나 어쩔 수 없어
천국과 지옥의 계단을

오르내린다

기도

오늘도 행복하게 시작하고
마무리하게 하여 주소서
살면서 그맘때 누리는 소소한 즐거움
감사하는 마음으로 받게 하소서

아플 때 서러울 때
그럴 때만 기도하는
이기적인 이 마음을
용서하소서

나만 더 특별하게
조금 더 봐주십사
어이없는 이 투정도 배려하시고

생각하고 후회하고
행동하고 후회하는
지혜롭지 못한 것도
품어주소서

가끔씩 슬퍼하고
어떤 때는 한탄해도
즐겨가며 아껴가며
행복하게 사는 날을
많이 주신 고마움에
감사하며 사는 것을
알아주소서

가진 자

많이 가졌다
돈도 명예도 권력도
그랬으면
그러하다면
잘 다스리고 누리고 즐기면 되지
그 위에 어떤 것이 더 필요하다고
더 높은 곳을 향하여
두 손 뻗다가
끝없는 나락으로
추락을 할까

과실주

제철에 나는 이런저런 열매에
알코올 반 설탕 반 달달하게 만들어서
비슷한 병에 담아
널널하게 보관하다
재료가 뭐였더라
이 병 쪽 저 병 쪽
시음하다 취한 술
그 향기에 취해서
알코올의 치명성을 잊어버리고
한 모금 두 모금이 서너 잔
아침부터 하늘이 빙빙
그 현상에 웃음이 실실 난다

마음

마음이 즐거워서
노래 한 곡조 술술 나오고
시작도 끝도 모르는
어떤 노래

중간에서 뚝 잘라 부르다가
흥겨운 마음에
더욱 즐거워지고

마음이 아파서
한숨이 나고
생각하면 또다시
눈물이 나고

넓은 바다도
높은 하늘도
마음속에서
흰 구름 되고
먹구름 되고

즐거운 식사

먹성 좋은 딸내미와
그보다 한 수 위인 엄마가
마주 앉아 밥을 먹는다
와! 맛있다
딸내미 결혼식이 코앞이라
군살을 다급하게 빼야 하는 딸자식과
예순 나이에 건강 때문에라도
살을 빼야 하는 모녀가 마주 앉아
맛있게도 먹고 있다
묵은지 닭볶음탕 그 맛이 환상이다
메추리 알 장조림 그것 또한 별미로다
생선조림 제철 만난 물미역
반찬은 오늘따라 왜 그리 풍성한지
불룩 나온 배를 두렵게 내려다보는 것도
잠시 잠깐
호호 하하 웃음에 버무려
그 둘은 또다시 먹고 있다

딸의 결혼식

내 딸이 시집간다
아빠 손 잡고
큰 눈 깜빡이며 입장한다

내 딸이 걸어간다
아장아장 걸어간다
넘어질까 다칠세라
마음 졸이며 지켜본다

그 딸이 시집간다
나이 또한 꽉 찼단다
내 눈에는 아이이다
아장아장 아이이다

저것이 어찌 살까
세상사 모든 것이
엄마! 하면 되었는데

내 마음은 졸이는데

저는 흥에 겨웠단다
신랑 향한 발걸음이
사뿐사뿐 가뿐하다
사뿐사뿐 그 발걸음
평생토록 내디디며
아름다운 꽃밭 길에
행복만이 가득하리

텅 빈 집

내 딸이 시집갔다
서른셋의 나이이다
어서 빨리 시집가서
어미에게 효도하라
노래처럼 한 소리다

그래서 시집갔다
내 사위도 듬직하다
가족이 생겨서 든든하다
마음 또한 한가롭다

그런데 큰일 났다
온 집안이 텅 비었다
내 마음도 텅 비었다
내 마음이 이럴지는
생각지도 못했었다

이런 마음 당황된다
감당하기 힘이 든다

목 놓아 울어본다
억지로 삼켜 보다
또다시 눈물 난다
인정 많은 효녀 내 딸
너무 착해 걱정인 딸

지금 마음 간직하며
신랑하고 발맞추어
험한 세상 힘이 되어
행복하게 살아가렴

딸이 떠난 집

내 딸이 시집갔다
엎어지면 코 닿는다
따로도 살아 보고
외국에도 다녀왔다

그 기분과 다르구나
정신적인 공황이다
한 번 두 번 빼어가는 짐
찬바람이 대신한다

제발 좀 치우란 방
치워지니 허허롭다
내 마음의 구멍으로
빈방의 울음 운다

혼자 남은 강아지가
내 마음을 어찌 알고
지가 위로되겠다고
꼬리치며 안겨 온다

마음이 머무르는 곳

몸은 쉬고 있는데
마음이 떠다닌다

몸은 편안한데
마음이 아프다

할 일 없이 먼 산을 보고 있는데
마음으로 백두산을
수없이 오르내린다

언제쯤 어디에서
내 마음이 몸과 하나가 될까

비가

비가 내린다
목마름에 시름 하는
산들에
비가 내린다

쩍쩍 갈라진
강바닥에
비가 내린다

그들처럼 목마르고
갈라 터진
내 마음에도
비야 내려라

수박

동서네가 광주에서
수박을 선물했다
내 머리보다 더 크다

그 수박이 삼사일째
주방에 누워있다
자다가도 일어나서
배 가르고 포식하고
냉장고 문 들락대던
자식들이 떠나갔다

저 수박을 어찌할까
애들 오면 갈라 볼까
일단 한 번 먹어 볼까

수박 한 통 처리에도
엄두를 내야 하는
이 현실이 꿈만 같다

배부른 투정

아들딸이 결혼했다
내 할 일은 다 했다
편안하게 살고 있고
보는 것으로 배부르다

우리 부부 먹고살 걱정 없다
예순에도 현역이다
효도하는 자식 있고
시비 거는 이도 없다

그런데 행복 없다
불행한 것은 아니지만
딸 방에 누워보고
아들 방에 누워 본다

공허하기 그지없다
나 없이는 못 산다고
매달리던 자식 뵌다
이내 몸이 헌신 같고

쓸모없는 인간 같다

손녀

아들이 결혼해서
아빠가 되었다네

한 일 없는 이 내 몸이
할머니로 등극했네

꼬물꼬물 방긋방긋
어여뻐서 바라보네

내 딸보다 더 나 닮은 우리 손녀
볼수록 신기하네

그 마음이 너무 커서
또 다른 집착 될까
애써 내 맘 추스르며
거리를 두려하네

손자

내 딸이 시아버지가 기대하던
아들을 낳고 엄마가 되었다
아프면서 이기면서
씩씩하게 커 나간다
몸과 마음이 지친 딸은
자꾸만 쉴 곳을 찾는다

딸아 엄마란 그런 거란다
쉴 수도 없고 피할 수도 없고
쏟아지는 정 때문에
어쩔 수 없이
나를 던져 키워내는 것
그것이 엄마의 숙명이란다

가을이 열린다

폭폭 찌는 더위 끝에
한두 차례 천둥 번개 요란한
빗줄기가 지나가면
찬란한 하늘에
별빛 되어 찾아오는 절기

예순 살 나이에
마당에 누워
그 별과 그 달과
지난 얘기를 두런거린다

세상 살아오면서
지치고 찌든 나에게
그래도 괜찮다고
그만하면 잘 살아왔다고
살랑 바람이 위로해 준다

이 밤이 지나고 나면
높고 푸른 하늘과

아름다운 세상이 펼쳐진다고
가을은
지친 이에게
신이 선물해준 계절이니까
그 속에서 잠시 머무르란다

초겨울 제주도

생활에 몸이 지치고
상황에 마음이 지치고
지치고 지쳐서
서리 맞은 푸성귀가 되어 버릴 즈음
우연찮게 찾아간
초겨울 제주도

포근한 바람이
마음을 보듬고
파란 세상이
지친 몸에 생기 보태주며
힘든 세상 껴안고
여기까지 오느라고
수고했다고

사노라면 가끔씩
이런 휴식과 위로도 있으니
힘내서 다시 시작하자고
토닥토닥

가만가만
달래어 준다

꿈

꿈을 꾸었다
강건한 어른이 되고 싶었다
깜둥이 소심한 산골 아이가
어서 커서 어른이 되고 싶었다

꿈을 꾸었다
풍요롭고 평화로운 미래를 꿈꾸었다
세상 바닥에서
폭발할 것 같은 아픔으로
높이 비상하는 꿈을 꾸었다

그 꿈은 꿈이 되기도 하고
현실이 되기도 하고
세상은 살만한 가치가 있다고
위로가 되기도 하고
나는 지금도 꿈을 꾼다

돌고 돌고 또 돌고

너희는 젊어서 좋다
무엇을 입어도 이쁘구나
수십 년 전 어머니 말씀

뭔 말씀
당신 자식이니
그냥 이쁜 것이지
그 소리 듣던
그때 내 대답

예쁘구나 예쁘구나
그냥 청춘이 예쁘구나
팔팔한 청춘 보고
어여쁜 강아지 보고
반짝반짝 빛나는
풀잎을 보고도
하고 있는 요즘 내 소리

세상사

사람들이 떠나간다
먼먼 여행길에 나선다
다시 돌아온다는 기약도 없이
가슴에 손안에 움켜쥔 것들
어찌하고한세
휘적휘적 가는 걸까

빙빙 세상이 돌아간다
그 회전의자에
나도 앉아 있다

움켜쥔 욕심에서
조금만 놓여나면
빙빙 도는 의자의
즐거움도 알 것 같은데
차마 놓지 못하고
그 무게에 눌려서
비틀대고 삐걱대며
힘겹게 돌고 있다

손해

한세상 살면서
손해 보며 살라 한다
지는 것이
이기는 것이라 한다

말들은 잘도 한다
손해 볼까
지게 될까
전전긍긍하며 산다

그래도 살다 보면
손해를 보게 된다
그중에도 큰 손해는
감정적인 손해이다

마음에 마음이 닿지 않아서
관계가 틀어지고
마음이 어지럽고
세상이 흔들린다

환갑

두메산골 마을에는
청정했기 때문인지
장수하는 이 있었다

포장 치고 자리 깔고
환갑잔치 거나했다
자손들이 절을 하고
갓 쓰고 잡는 폼이
완전한 노인이다

지금 내 나이이다
그런데 난 철부지다
봄 들판을 뛰고 싶고
여름 해변 생각나고
가을 숲길 걷고 싶다
마음 따라 한다면야
솜사탕도 먹고 싶다

내 몸이 말을 한다

허리는 수술했고
다리도 부실하다
내부에 문제 생겨
고지혈증 상태란다

이 몸 따라 마음 가면
인생살이 쉬울 텐데
마음만 청춘이라
주책이 된다

휴식

환갑이 될 때까지
숨 가쁘게 달려왔다
몸과 마음이 지쳤다고
휴식을 요망한다

휴식을 찾고 있다
흰 눈 펑펑 내리는 날
한적한 찻집에서
할 일 없이 있고 싶다

세상이 어떻게 돌아가든
집안이 어떻게 되어가든
아무런 상관없이

나만을 위한 공간이
남만을 위한 시간이 필요하다
그저 멍하니 있고 싶다
멍하니
멍하니

몸살

바쁜 일상에서
며칠쯤 헤어나서
여유가 있나 하니

내 몸이 반란을 일으켰다
사지가 따로 놀고
목도 아프고 머리도 아프고
아프고 아프고
어디가 괜찮은지
찾을 수가 없다

몸이 아프니
마음이 서럽고
그래서 몸은
더 많이 아파한다

행복

행복하고 싶어요
공연한 허공 보며
한숨 쉬지 않고
하늘을 품고
크게 웃고 싶어요
행복이 어디에 있나요
어디 가면 만날 수 있을까요
그 부피는 얼마나 될까요
누가 나 좀
행복에 데려다줘요

인생

잠시 스쳐 가는 것
그곳에서 우리는 나그네
산 위에서 보는 세상은
너무도 작아
장난감 성냥갑 같은
갑갑한 세상

그곳에서
한 줌의 땅과 먹이를 놓고
천년만년 살 것처럼
처절하게 아웅다웅
잠시 스쳐 가는 인생
그것참 다행이다

내가 나에게

그동안 참 고생 많이 했군요
마음도 소심한데 소화불량 걸릴 세월들을
잘 견뎌 주었네요
말도 못하고
굽이굽이 쌓아둔 보따리의 무게를
어떻게 견디었나요
꿈꾸며 살고 싶은 이상과
아귀다툼 현실의 괴리를
제 정신 차리고 버텨줘서 감사합니다
갈림길에 섰을 때
바른길을 선택하려 애쓴 것도 대견합니다
배려하는 삶을 살고자 노력 했다는 것 인정합니다
살다가 이기심 질투심 때문에 먼 길로 돌아가는
생활도 했다는 것을 용서합니다
직분에 충실하려고 발버둥치며 산 세월에
감사패를 드릴까요!
그 치열했던 삶에 심심한 위로를 드립니다
정말로 잘 살아왔습니다

수고 많이 하셨습니다
이것은 내가 최후를 맞이한 나에게
건네고픈 위로입니다

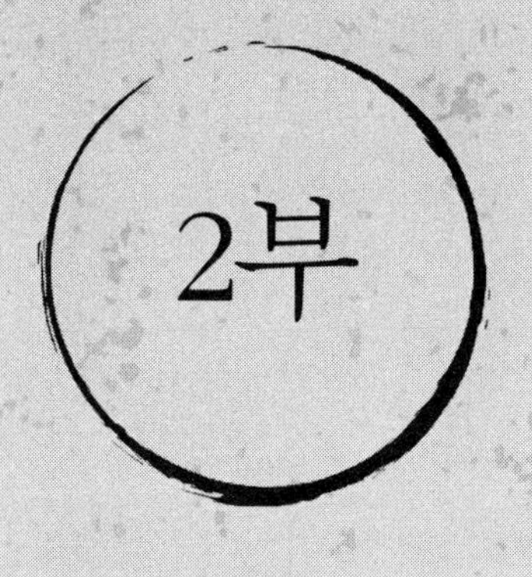
2부

내 가슴 '폐'에게

미안하다
주인으로서
너의 아픔을 너무도 몰라주었다
젊을 때부터 언제나 왼쪽 가슴이 답답했고
코피도 왼쪽에서 계속 흘렀고
너는 그동안 아프다고 약하다고
나에게 하소연했건만
나는 가만 좀 있으라고
나도 세상 살기 힘들다고
너의 아픔을 외면했구나
이제 와 지쳐 쓰러지려는 너에게
그것도 못 이기고 그렇게 약해서 무엇에 쓰느냐고
원망하는 마음이 앞서는
너의 주인은
참 냉정하고 무정하구나
이제라도 같이 힘을 내보자
최선을 다해서 다시 힘내서 노력할 테니
이제야 알아주는 나를 용서해주라
쓰담쓰담 가만가만 위로해본다

대견한 나

모든 생명체는
세상과 만나는 순간
탄생과 소멸의 진로가 정해져 있다
그래도 천년을 살 것처럼, 바쁘게 산다
나도 알고 있었다
그때가 구체적으로 다가올 때
어떻게 만나야 할까
그래도 먼 훗날 얘기로만 알았다
코앞에 서 있을 줄은……
오 년을 살 확률보다
그러지 못할 확률이 월등히 많을 때
그러나 몸은 건강하고
실감이 안 날 때
내 눈에 보이는 이 모든 것으로부터
퇴장당할 수 있다는 과제 앞에서
나는 감격스럽게도
오늘을 그냥 살기로 결정하였다
이러저러한 생각은 모두 멈추고
나에게 허락된 오늘 하루를

만끽하자고
그런 내가 참 대견스럽다

갑자기

백 년을, 아니 어쩌면 그보다 더 오래 살 수 있다고
그 위험에 대비하고
혼자될 삶에도 대비해야 한다고
눈 깜빡이며 밤 깜빡이며
미래만 생각하던 나에게
여러 검사 끝에 내려진 진단은 폐암 3기
수술도 할 수 없고 살 확률도 희박하단
무서운 진단이 내려졌다
생각도 안 해봤던 병명에
가슴에 멍이 들고, 가족이 멍이 들고
앞날이, 미래가 깜깜해졌다
그래도 느닷없이 닥친 이 현실이
생각보다는 두렵지 않다
살아지면 너무 좋고
가더라도 붉게 지는 노을처럼
그 모습이 온화했으면
그리고 흩어져 버렸으면
그런 바람이다
이리될 수 있는 것은

가면서도 놓기 힘들 것 같은 자식 둘이
너무도 좋은 짝들과 잘 살고 있고
앞으로도 그럴 것 같은 확신이 있기 때문에……
평범하지 못하고 외로움도 많이 타고
집안일에 소질 없는 이 집 가장을 생각하면 살고 싶다
그대는 나를 살고 싶게 하는 원동력이다

오순이

소싯적 산골 소녀 그 모습대로
어른이 되어져서
이리저리 부대끼며 살아오다가
막내딸과의 사별이라는 극한 시련까지 견뎌야 했다
보기만 해도 안쓰러운 친구에게 도움은 못 될지언정
나까지 아픔을 더하고 있다
아직도 마음에 따뜻함만 담겨있어서
내가 감당하기 힘들 만큼 사랑을 퍼 붇는다
그 사랑에, 마음에, 가슴이 먹먹하다
나는 괜찮다고
한참 산 어른이라 괜찮다고
암만 말해 주어도
그 소녀는 나를 어떻게 더
감싸줄까 그 생각뿐이다

집

그이는 바깥주인
나는 안주인
가끔씩 서로의 경계선을
넘나들며 싸우지만

그이는 바깥주인
나는 안주인
여기도 치우고
저기도 서성이고
그 누가 내 구역 침범할까
배회하는 그이 모습
안에서 CCTV로 보면서
웃음이 난다

나름 이것저것 쟁이고 치우고
나도 욕심껏 안주인 하며 흐뭇하다
이 황금 비율이 무너지고
바깥주인 혼자 정처 없이 배회할까
가슴에 눈물이 맺힌다

자식

자식은 짐이다
쇳덩이보다 더한 무게로
가슴을 짓누르는 짐이다
잘 되면 저 살겠고
못 되면 부모 책임
자식은 평생 짐이다
평소의 내 생각

위기 상황에
자식은 버팀목이다
내 삶의 원천이다
쇳덩이보다 더 단단한 무게로
나를 지탱해 준다
살면서 이런 확인의 기회가 없었으면
더욱 좋았겠지만
확인하며 살아가는 이 생활도 행복하다
하늘은 내 인생 후반기에
이러한 행복을 준비해 주신 것 같다

내 딸

온 세상이 꺼져버린 듯한
절망적인 눈동자
어찌할까 갈피를 못 잡고
서성대던 발걸음
내 병명을 듣고 반응하는
내 딸의 모습이다
생각도 못 해봤고
오래도록 같이 가리 그리 믿다가
청천벽력 같은 소리 하니
그 마음 천 번 만 번 이해가 된다
내 아픔보다 그 아픔이 더 커 보여서
꼭 쓸어안고 위로해 준다
절대 쉽게 가지 않는다고
가더라도 마음은 놓고 갈 테니
외롭고 힘들 때 그 마음 안고
달래 보라고

농사

우리 애들을 보며
내가 참 잘 키웠구나
아니 참 잘 자라주었구나
대견하고 뿌듯하다

내 인생도 이만하면 성공이구나
원도 한도 없구나
마음도 가벼워진다

우리 사위 며느리 보면서
참 바르고 착하구나
내가 사람 복이 있구나
평화로울 애들의 앞날이
내 마음을 위로한다

씨앗을 뿌리고 가꾸고 거두고
나는 참 자식 농사에 성공하였다
세상에서 으뜸인 농사에 성공하였다
그래서 마음이 편안하다

그래서 참 행복하다

내 아들

평소에도 자랑스런 내 아들
너무 덤덤해서
가끔씩 딸이 있음에 위로받게 하던 아들
아들보다 딸이 꼭 있어야 한다고 생각했는데
위기 상황에
혜성보다 더 밝게
내 갈 길 밝혀주는 내 아들
학교에 휴직계를 내고
내 손발이 되어 지구 곳곳 보여주고
말 안 하는 내 마음도 알아주는 내 아들
내가 무엇을 먹고 저것들을 낳았을까
스스로 대견하게 하는 아들
어느새 내가 보호받으며 병원에 가고
산천을 구경하고 세상을 구경하며
마음을 위로받으며
느긋한 그 마음에 기대어
나도 느긋해지려고 노력해 본다

병원

가고 싶지 않은 곳
바라보면 죄인처럼 무서워지는 곳
지난겨울 두세 달을 그 병원과 더불어 살았다
여러 진단을 받고
멍한 채로 치료를 시작하고
거처는 정해야 한다는 병원 권유를 마다하고
직장처럼 한양으로 출퇴근을 하고
그러면서 조금씩 가까워졌다
병원은,
어쩌면 나를 살릴 수도 있는 곳이라는
희망을 보게 됐다

대머리

아빠의 대머리 고민은 사치 같았다
결혼을 했고 나이도 먹었고
무엇 때문에 가발을 논하는지

내가 대머리가 되었다
그리되지 않으리 했는데
그리되었다
무슨 자신감인지
외모로부터 자유롭던 나를
두렵게 했다
움츠러들고 시선들이 느껴지고

그리고 나서야 마음으로 이해했다
대머리의 고민이 어떤 것인지
대머리의 무게가 본인에게
어떻게, 얼마만큼 무거운 건가

절망

생의 덧없음에 절망한다
내 뜻대로 되지 않는
생의 유한함에 절망한다
하늘도 바람도 세상도
이 계절의 이 모습이 끝이 될까
절망한다
눈으로도 대화하는 자식들과
작별하게 될까 절망한다
밉든 좋든 손잡고 가고 싶은 내 신랑만
덩그러니 놓고 가면 어찌 될까
아픈 마음으로
먹먹한 가슴으로
절망이 스멀거린다

희망

내가 살 수도 있다
아니 살 수 있다
살고야 말겠다
조그만 지푸라기만 보여도
붙잡고 희망한다

살아서 해야 할 일
하고 싶은 일 생각하며
절망을 몰아낸다

희망하는 내 모습에서
희망을 보며
소중한 모든 것들과
아주 더 오래오래 같이 있겠다고
마음 불끈 쥐며 희망한다

사랑

내가 아프다
증상도 없이
예고도 없이
죽음을 논할 만큼 많이 아프다

내가 사랑받고 있다
내가 보호받고 있다
어색했던 상황에
그 애절한 마음들이 마음으로 들어온다
익숙해지고 있다
왜 결혼을 하고 아기를 낳고 사랑을 했는지
사랑으로 대답하고 있다
그래서 고맙고 다행이고
이만하면 잘 꾸려온 인생이다
흐뭇하기도 하다

생명

내가 원하지도 않았는데
생명을 부여받았다
아니 어떤 에너지가
간절히 갈구했을까

기왕에 부여받은 생명
열심히 살고자 했는데
내 뜻과 상관없는 지점에서
그 생명을 돌려받고 싶어 한다
나는 아직도 가을이고
긴 겨울을 대비하며
만반의 준비를 하고 있는데
아니 어쩜 내 마음에
겨울이 없을 수도 있는데
거두는 것도 주신 분의 권한일까
살고 싶은 것도 아니었는데
살라 하더니
가고 싶지 않은데 데려가려는
그 무엇에

이건 아니라고
억울하다고
자꾸 하소연한다

돈

내가 엄청나게 사랑하는 것
붙잡고자 염원하는 것
많을수록 좋고
행여나 새어 나갈까
노심초사하는 것

병들고 더욱 소중해지는 것
그래도 쓸 수 있어서
다른 생각 없이
병마와만 싸울 수 있게 도와주는 것
작년부터 수많은 여행도 가볍게 가게 할 수 있는 것

할 수 있는 것이 너무 많아서
아주 정중하게 모시고 싶은 것
언젠가 다가올
내 인생 끝 날에도
그분에게 남은 가족들을 부탁하고 싶은 것

인생 1

사람이 살아가는 길
사람이 살다 가는 길
울룩불룩하고
뒤틀림도 심한 길
그것은 알고 있었다
극복하려고 노력했다

그런데
큰 대로에서 대낮에
강도를 만날 수도 있다는 낮은 확률을
생각해 보지 않았다
그래서 더 당황스럽고 황당하다

인생 2

모든 생명체가
태어날 때 정해지는 길
절대로 물러설 수도 없고
멈출 수도 없는 길

각 존재에게 부여된 길이지만
약간의 차이가 있을 뿐
겁 많고 소심한 내가
정영숙이가
이 위기 상황에서
그것을 진실로 깨닫고
본인이 보기에도 의연하게 대처하는 모습이
스스로 대견스럽다

전보다 오히려 불면증도 없이
살고 있는 날들이 편안하고
그만 가라 하면
그것도 크게 상관없다 싶다
너무도 큰 바람은

왔던 길 돌아가는 모습이 평화롭고 편안하기를
그래서 내가 제일 좋고
남는 이들의 마음에도
아름답게 기억되기를

여행

여행
돌아오면서
벌써 또 떠나기를 기대하는 여행
느긋하고 편안하게
아들은 길 안내
딸은 말 안내
애들이 인도하는 대로
세상 구경하고 감탄하고
잘 먹고 잘 자고
아기 되어 떠도는 여행은
참 한가하고 행복하다

아파서 아프지만
아파서 행복한 것
그것이 너무도 많다
사람들 마음도 확인하고
부담 없이 여행도 떠다니고

그냥 지나는 하루는

뭔가를 소비해 버리는 것 같은 허전함에
나는 매일매일 여행을 꿈꾼다
그리고 여행은 꿈을 먹는다

병마

폐암 4기입니다
이것은 연속극에서 보던 것인가
아니면 어떤 다른 이의 병명인가
나는 아무렇지도 않고
또한 최선으로 대응했는데
내 속에선
도대체 어떤 일이 일어나고 있는 것인지
이레사가 잘 듣네요
계속 복용합시다
이것은 작은 불빛인데
왜 이리 환하게 밝은 빛인지
또 허망한 희망을 품게 하는지

하루에 조그만 알약 하나
거기에 희망을 품으며
나는 또 내년을 준비하고
여행을 계획한다
잘 먹고 잘 자며 행복해한다
그런 나를 스스로 대견해하고

그런 나를 사랑한다

집수리

집을 짓고
이십 년 만에 수리하였다
그 세월이면 사람도 늙는다지만
집도 많이 늙었다
뜯고 헐고 새집 짓기보다 더 힘든
집수리를 하였다
쌓이고 쌓인 것을 버리고 또 버리고
버리면서 개운하고
추억도 버려지는 것 같아 서운도 하고
그 일을 두 시누이가 맡아 주었다
둘째 시누이 남편은 총괄해서 뛰어주고
내 일보다 더 내 일처럼 매달리는 그 마음에
내 마음이 투영되어 미안하다
그냥 받아먹기에 버거운 그 마음들이
내 마음을 때린다
세월은 여러 가지 마음을
버무려 주나 보다

부부 2

부부란
어떤 인연으로 만나는 걸까
감정이 격해지면 미웁고 미워서
이래서 남이구나
이별을 꿈꾸지만

한 사람 삐걱대면
아픈 이보다 더 초췌해지고
먼 길 떠날 준비를 해야 하는 사람은
가보지 않은 그 먼 여행의 두려움보다도
남겨져야 하는
반쪽 외톨이 인생에
더 마음이 미어지고 한숨이 나고
가슴이 먹먹하다

지금 현재

소문은 바람을 타고 떠돌고
나는 지난 4월 이레사에 내성이 생겨
암이 뇌, 부신으로 퍼지는 재발이 됐다
그래도 아직 더 살라는 운명인지
작년부터 시판되는 타그리소가 내 몸에 맞아서
또 약간의 여유가 주어졌다
타그리소 평균 유지 기간은 1년이란다
그리고 살길은 면역 치료인데
그것은 확률이 5%란다
100중에 5명
그래도 복권 사고 당첨을 바라는 심정으로 기대한다
퇴원 직후보단 많이 좋아졌다만
살이 10kg 빠지고 건망증도 더 심해지고
지구력도 없어서인지 일을 조금만 해도 어렵고 힘들다
이런 나는 지금도 여전히 여행을 꿈꾼다
내가 나를 아끼면서
여전히 마음은 여유롭고

작년 올해 2년이 20년은 사는 것 같다
그것도 좋은 것만 보고 좋은 소리 들으면서……

여행

여행을 준비합니다
먼 여행을 준비합니다
떠나게 될 것 같은데

집을 정리하면서
다음에 누구 손에
이 물건이 해방될까
그 사람
지금 정리하는 내 마음을 만져볼 수 있을까

내 이 넘쳐나는 사랑을
어느 보자기에 싸두어야
우리 가족이 살다가
험한 세상에 힘들어질 때
오래오래 풀어 보면서
위안받을 수 있을까
내 마음을, 내 사랑을
보자기 보자기 싸서 모은다

우리 자매

뒤에서 보노라면 걷는 모습 비슷하고
목소리도 그러하고
식성 또한 비슷하고
웃음 코드도 똑같고
소심하고 정직하고 긍정적이고
또 또 또
각자의 삶의 무게 짊어지고
휘적휘적 나아간다
조금의 변화에 휘청이지 말고
앞으로 나아가기를
머지않아 시작될 이별의 시작이려니
그때 잘 살았노라 후회 없노라
자신에게 말할 수 있도록
오늘을 만끽하며 즐겁게 살아주기를

걸음

걸음을 걷고 있다
무겁게
저 앞에 아빠가 걷고 있다
생각해 보지도 못한
받아들일 수 없는 현실을 부인하며
괜찮다 이것은 악몽이다
애써 부인하며 휘적휘적
걷는 다리가 휘청인다

아들이 따라 걷는다
상황을 분석하며
받아들이며 노력하며
하늘 보고 눈물 훔치며
기둥이 되자 다짐하며
괜찮으려 안간힘 쓰며 걷고 있다

딸이 따라 걷는다
아무것도 받아들일 수가 없어서
보는 것을 부인하며

어깨를 축 늘어뜨리고
그냥 걷는다

엄마가 걷고 있다
현실을 인식하려 애쓰며
이 모든 괴로움의 제공자임을 미안해하며
왜 그리되었나 원망도 하며
또 그 걸음의 무게를 덮어주고 싶은 마음에
가볍게 발걸음을 떼어 놓으려 안간힘 쓴다

엄마

울 엄마는 구십이다
점쟁이가 말했다는 사십구 세 인생이다
그 말로 자식 가슴 타게 하던
울 엄마는 구십 되어
아로니아 밭을 메고
선별 작업에 구심점 되고
음식도 맛나게 만들어 내는
울 엄마는 구십이다
엄마 인생 구십보다
내 인생 육십이 좋았는데
엄마 지는 것은 연세 탓이라 그리되고
나 지는 것은 모두가 안타깝다 그러한다
수상한 세월 탓에
나만큼도 못 보고 산
엄마 인생이 안타깝다

손녀

이래저래 살다 보니 결혼하고 아이 낳고
그 아이가 커서 손녀가 태어났다
유전의 위대함인가
내 딸보다 나를 더 닮은 모습에
엄마를 더 닮았으면 세상살이 편했을 걸
안타까운 마음이지만
먹는 입도 이쁘고 조잘대는 입도 이쁘고
훗날 나 없는 세상에 나 닮은 한 사람이
살아가고 있을 생각에 맥없이 흐뭇하기도 하다
형제나 손자가 촌수는 같다는데
애틋한 정은 물 흐르듯 아래로 흘러가는지
밥 먹고 살게 되면서 미세 먼지로 뒤덮인 세상도
후손들 때문에 걱정이 된다
한 번 살고 가는 인생
주인공으로 살아주기를

큐슈

대구국제공항에서
비행기로 50분
진정 가깝고도 먼 나라인가
모처럼 아빠도 같이
형주도 같이
민혁네만 혼자 여행을 갔다
길도 좁고
차도 작고
식당도 작고
가게도 작고
사람도 작고
왠지 답답하고 갑갑하고
모든 지표들이
잘 산다고 말하니 그렇지 실감이 안 난다
화산 온천 삼나무 구릉
이런 것들이 외국임을 말할 뿐
그래도 협곡에서 타 본 보트도 좋았고
대나무 통 속으로 물과 흐르는
국수를 먹는 것도 재미있고

온천 여관은 호화롭고 너무 좋았고
한 사람 자면 작게 맞는 방의 2인 숙박은
그때는 걱정했지만 지나고 보니
그것도 추억

북해도

일본에 갔다
북해도에 갔다
일본이 그러겠지
기대도 별로 없었다

북해도는 다르다
길도 나무도
넓은 들판도
여기가 유럽인가 싶다

한여름인데 시원하다
누가 위촉하지도 않았는데
나는 스스로
북해도 홍보 대사가 되었다

온천

온천 노천탕
세상에 나오던 모습으로
자연과 만나는 곳

수백 년 내려온
허술한 울타리 넘어
넓은 호수와 맞닿아 있는 곳
온천의 낙원에서 피어 있던
그 꽃잎들은
지금쯤 어디로 흩어졌을까
호수 저쪽에서
누군가 마중 나올 듯한 기대는
지금도 설렌다

시코치코 호수 1

너무도 넓고
끝없이 펼쳐진 것이
진짜 호수인가 미심쩍어
언니는 물맛을 찍어 먹고서야
진짜 호수로 인정해 줄 수 있었다
그 넓고 푸른 호수에
보름달이 내렸다
어릴 때 친구 하던 달
추석날 행복해서 보던 달과
그 어떤 달도
이 몽환적인 대보름달과
견줄 수가 없다
호수에 어린 달의 길
찰싹찰싹
내 마음을 흔드는 물의 외침
저 물길 따라 선녀가 내려와서
하얀 달빛에 목욕하고 승천할까
나 또한 그 물길 따라 걷고 싶다

시코치코 호수 2

어찌 보면 태평양으로 이어지는 바다 같고
어찌 보면 엄청난 괴물이 산다는
전설 하나쯤 전해져 내려올 것 같은
엄청난 크기의 시코치코 호수
크고 깊은 푸른 호수
사람도 드물어서
그 물과 마음속 이야기도 할 수 있고
뭐라고 한참을 하소연해도
토닥이며 위로하며 다 들어주는
그 품도 넓은 호수여
다시 너 만나서
그동안 괜찮노라
그대도 보고 싶었노라
또다시 하소연하고 싶은 호수

여행

여행을 갔다
슬픈 사연 안고서
휴직한 아들과
이 여행에 꼭 동참하자
다짐하는 딸과
그동안 외국 한 번 못 가본
팍팍한 삶을 산 자매와

아이처럼 보호받으며 여행을 다닌다
자연에서 사슴을 만나고
여우를 만나며
울창한 숲과
드넓은 자연을 만난다

내면의 나와 만나며
동행한 일행과 산천이 떠나게 웃고 떠들고
나는 많이 복 받은 여인이다
행복해하며
여행을 다닌다

세상과 이별할 때
떠오르는 행복한 풍경들이 참 많겠구나
내 삶이 괜찮은 것이었구나
그런 생각을 할 것 같다

샤코탄

북해도 서쪽 끝에 있는 샤코탄
습하고 무더운 여름 무서워서
피난 온 걸 어떻게 알았는지
청량한 바람과 시원한 날씨
바닷속으로 쭉 뻗어 나간 골짜기는
많이 보고 느끼고 가슴에 담고
위로받으며 살라고
살랑바람이 내 맘을 만져준다

여행

여행을 떠난다
다 커서 결혼하고 분가한 자식들
좌우에 거느리고
세상 사람들의 부러움 받기 바라며
어릴 적도 못 받아본 호강을 하며
세상을 거닌다
엄마는 무엇이 필요한가
그것은 너무 쉬운 일
아무 걱정 마십시오
마음 가려운 곳까지 찾아내는
자식들과 거닐며
세상을 마음에 담는다
내 인생에 뭐 이런 축복이 다 준비되어 있었나
너무도 행복하게
한편으론 조금 슬프게
같은 마음일 것 같은 새끼들 눈 바라보며
세상 근심 걱정 털어내며
휘이 휘이 세상을 휘젓고 다닌다

어리광

나는 환갑 지난 아기예요
나를 알고 있는 모든 사람들은
나의 이 어리광을 받아주어야 해요
예전엔 아무렇지도 않던 상황에서도
섭섭하고 화가 나고 또한 감사하고
세상이 나를 중심으로 돌기를 희망해요
인생 가을인가 생각하던 시기에
찾아온 이별의 예감은
내가 나에게 많은 것을 허용하게 해줘요
그래도 기특하게 이별의 예감이
나 때문에 많이 힘들지는 않아요
남겨질 사람들의 시릴 가슴이
내 마음도 춥게 해요
분명하게 말할 수 있는 것은
내 인생이 헛되거나 후회스럽지 않다는 것
더구나 인생 후반에 마련해준
이 행복을 고맙게 간직하고 갈 수 있다는 것
그것은 내 생에 아주 큰 선물이에요

여보세요

여보세요
거기 어때?
내가 눈에만 안 보이면
혹여 외국에라도 나가면
같이 오지도 않으면서

여보세요
거기 어때?
습관적으로
하루에 서너 번씩
전화를 한다

하루 한 번이면 충분하지
좀 짜증스럽다가도
내가 대답해 줄 수 없을 때도
여보세요
거기 어때?
수없이 전화할까 봐
가슴에 맺힌다

여행의 묘미

습하고 더운 공기 피해 급하게 떠나온 곳
북해도
겨울 속 여름보다 더 신비로운 체험
여름 속 가을
속 깊은 내부로 스치는 상쾌한 바람은
이 낯선 곳 그 어떤 풍물보다 더 경이롭다
땀 한 방울 없는 이곳에서
이국적인 풍경과 입이 행복한 음식과
같이 있어도 그리운 얼굴들과
웃고 먹고 떠들고
지상에서 이런 행복이 펼쳐지다니
언제 다시 올 수 있을지
떠나기도 전부터 그리워지는 이곳
기약할 수 없어서 더 애틋한 이곳 북해도
가슴에 마음에 눈에 담아가야겠다

숲속의 집

작은 유럽에 딱 어울리는 집
숲속에 꼭꼭 숨어있는
삼 층짜리 예쁜 집
침대, 다다미, 다락방
창을 열면 곧바로 세상과 나무와 별과 달
반짝반짝 빛나는 신비로운 공간
그냥 이곳에 멍하니 앉아
세상 시름 잊고 싶다
창문을 통해 들어오는
깨끗한 공기를
끝없이 머금고 싶다

고정관념

집은 평지에 지어서
초지 숲 이런 자연경관을
해치지 말아야 한다
이런 고정관념을
완전 뒤집어 버리는
그곳이 유럽이다

아주 높은 지대
숲을 지나
넓은 초원이 있고
가축을 기르고 있다
겨울도 길다는데
고립되면 어찌할까
공연히 남의 삶을
걱정하게 한다
이천 미터 고지에
소들은 쩌렁쩌렁
방울 소리 울리고
평지도 초지로 뒤덮었는데

어찌 산으로 올라갈까
궁금증도 일게 한다

유럽인

15박 17일
긴 시간
유럽 속에 들어가서
유럽인을 보았다
충청도인보다 다섯 배는 느긋하고
자유롭게 사는 사람들이다
아가들도 그 리듬에 맞춰 키우고
빨리 빨리에 익숙한 내 눈에
너무 답답해 보일 때도 있고
그 느긋한 여유로움이 부럽기도 했다

유럽의 어느 마을

어느 아침
뾰족한 우리 집 뒤에는
양 떼가 풀을 뜯고
수없이 이어져 있을 것 같은
이 안온함에
내 몸을 맡기며

빙빙 돌아가는 세상에 맞서
빙빙 돌리며 살아가느라
수고했노라

삐그덕 창문 열고
깨끗한 공기 받아 마시며
병든 내 육신을 위로한다

오스트리아

오스트리아는 품격 있고
음악이 있는 도시국가인 줄 알았다
내가 본 그곳은 자연이 살아 숨 쉬는 곳
멀리 높은 산은 여름인데도 눈으로 덮여 있고
아름다운 호수가 있고
어디선가 살고 싶은 풍경을
모조리 옮겨 놓은 것 같은 모습이다
어느 곳이나 한번 오르면
내려오기 싫은 곳
나보다 더 오래 살았지만
여전히 운행되는 산악 기차
나는 지금 더운데
옆에는 얼음덩이가 있다
인생을 살면서 제일 누려야 할 것은 여행이다
어디든 가면 너무도 좋아
TV에 너무 자주 나오는 곳만 아니면……

이탈리아

지난번 패키지여행에선 아빠와 같이 로마 교황청 있는 곳, 박물관 등 TV에서 자주 보던 곳을 여행했다면, 이번엔 아들딸 자매와 함께 좀 한적한 곳으로 오붓하게 여행했다.

베네치아.

베니스의 상인으로 유명한 곳.

그곳으로 갔는데, 입구부터 지저분하고 오래된 옛 도시 같고, 날씨는 타는 듯 더운데 전기가 부족하다고 우리 숙소에는 에어컨도 없다. 한 밤 자고 어쩔 수 없이 같이 운영한다는 호텔로 옮겼는데, 거기도 방 하나만 에어컨이 가동됐다.

그곳에 다 모여서 피서를 했다. 호텔 아래쪽에서는 그 더위에, 그것도 위에서 뭔가 떨어지면 어쩌려고 한가하게 식사하는 서양인들을 보며 여유롭다, 더위에도 강하고, 추위에도 강하구나 감탄을 했다

밤에 나룻배 타고 둘러본 베네치아는 사실보다 아름다웠다.

돌로미테

베네치아 그곳이 너무 못마땅해서 피해간 곳
검색도 해보지 않았고 생각도 하지 않았던 곳
그곳은 숨겨 놓은 선물이었다
초원을 지나고 계곡을 지나고
엄청난 감동 속에 서너 시간 운전 끝에 도착한
그곳은
높은 지대에 광활한 초원이 펼쳐져 있고
날씨도 시원한 걸 넘어서
좀 쌀쌀하고
숙소 앞 언덕배기에서 바라본 해넘이는 웅장했고
석양은 이 세상 것이 아닌 듯했다
뭐라 단정 지을 수 없는 묘한 기분에 휩싸였다

독일

유럽에 갈 때마다
뜨고 내리는 곳
규칙 규범
듣던 소리와 달리
좀 지저분한 곳
남녀 상관없이 담배를 많이 피우고
그래서 거리에 꽁초들 많은 곳
그러나 몇 년에 한 번씩 꽃 축제를 한다는 마을은
우리가 하룻밤 쉬고 있는데 더 쉬고 싶은 마을
매우 아기자기 아름다운 마을이었다

스위스

패키지여행 때
유럽에서 내가 제일 좋아했던 곳
관광은 한나절 코스였는데도……
그 스위스를 또 보게 되었다
아들딸 자매와 자유 여행으로 본다
관광버스로는 가지 못하는 곳
구불구불 넘어가는 울창한 산맥
이번 여행 통틀어 최고의 자리로 기억될 곳
초원 나무 얼음 호수
뾰족한 기암괴석
깨끗한 공기
감탄을 계속하다 목이 쉬려 하고
너무 호강하는 눈에서
눈물이 나려 하지만
문득 지나가는 생각
신은 공평하지 않구나
여기 이 수두룩한 풍광을
우리에게 조금만 선물했어도
우리도 삶의 팍팍함을

많이 달래며 살았을 텐데

체코

프라하의 여인
직접 본 체코는 주변국보다 조금 못 살고
북적거리고 질서는 잡힌 곳
프라하의 야경이 뭐가 그리 아름다운지
다가오지 않는 곳
밤낮없이 서울처럼 사람들이 넘쳐나는 곳
오스트리아 넘어가는 길목에 있는 큰 성은
옛 모습이 그려지고
그 성에서 내려다본
민가의 빨간 지붕들은
진정 유럽의 모습이었다

동부 캐나다

딸이 일찌감치 유학하고
내 딸이 체류하고 있다는 것만으로도
친숙하게 여겨지던 나라
그곳에 내가 직접 갔다
감격스러웠다
그곳은 높은 산이 없고
끝없이 펼쳐진 평야
그곳에서 지금까지 보아 온 것보다도
많은 단풍을 보았다
더구나 단풍도 절정이고
전국에 터널 없이 쭉 뻗은 도로의 한적함이란,
사람을 진정시켜 주고
지구가 둥글다는 것을
몸소 체험으로 느끼게 해준다
가을 하늘의 드넓은 하늘은
가슴을 크게 열고 숨 쉬게 해준다
나이아가라 폭포는 TV에서 많이 봐 왔음에도
폭포 가까이 다가가는 그 체험이 너무 좋았다
최고의 숙박지에서 내려다본 폭포도 일품이었고……

서부 캐나다

캐나다 동부에서 서부로
비행기로 이동하는데 다섯 시간 반
우리나라에서 일본 어느 지역을 가도
그보다는 반 밖에 안 걸릴 것 같다
그 시간만큼이나 풍광도 다르다
동부는 여자 서부는 남자 같다
높은 산들이 엄청 많고
그 정상은 거의 다 흰 눈을 이고 있다
초가을 늦가을 겨울이 한곳에 있다
산에서도 물이 흐르고
크고 작은 물들의 흐름이
자리에 누워 잘 때도 나를 깨운다
마음에 폭풍이 올 때
세상 살기 힘들어질 때
두고두고 꺼내 보고 싶어질 것 같다

괌

동남아시아 어디쯤일 것 같은
미국령 괌
생각보다 소박하고
관광 코스도 많이 차려지지 않은 곳
미국이 세상을 지배하기 위해선
그곳이 꼭 필요하다고
2차대전 때까지 일본이 가지고 놀던 이곳을 빼앗았다
그런 과정에 원주민 삼 분의 일이 죽었다
그래도 세상은 '난 모른다' 잘 돌아간다
겨울에 따뜻한 바다를 보러 갔는데……
백화점 물건들이 돌고 돌아 그곳에 왔고
그것들의 관세 없음에 정신 팔린 우리는
쇼핑이 주제가 되었다
잠시 돌아본 그 땅도 오염되지 않고 좋았다

라오스

여자는 곗돈
남자는 여비를 내고
라오스에 갔다
아빠도 여기는 동참한단다
내 뇌에 못 산다고 인식되어진
베트남 태국 등이 주변을 감싸고 있는
내륙지역인 라오스
공산품은 볼펜 한 자루도 생산 못 하는
완전 농업 국가다
우리나라 4, 50년 전 수준 같고
자연적인 게 좋다는 이들도 많은데
나는 왜 피곤하고
지루한 여행으로 기억될까

여행

여행을 간다
지구 북반구에서 사는 내가
그 반대쪽에 있는 뉴질랜드로
어쩌면 못 가보고 말지도 모른다는 절실함에
부실한 몸으로
자식들이 이끄는 대로
우리나라 두 배의 땅덩어리에
국민 사백만이 살고 있다는,
그래서 빈 땅이 많고
공기가 씻어 놓은 것처럼 깨끗한
그곳의 넓은 땅에 소 떼 양 떼가 풀을 뜯고
만져지지도 않은 상태로
얼굴 내민 풍경들과
높은 하늘에 내 어릴 적 별빛들과
수많은 폭포수가 쏟아져 내리는 그 땅들
고이 간직하다 힘들어질 때 꺼내 보고 싶은
또 하나 추억의 페이지 넘기고 왔네

타우포호수

여의도 두 배의 면적이라는 크기
그 넓은 호수
씻은 듯 깨끗해서 숨쉬기 더욱 좋은 곳
그 주위엔 우리나라 4월에 필 듯한 봄꽃들
2018년 여름에
우리가 살면서 최고로 덥다는
우리나라 8월의 그 더위를 피해 떠나온
뉴질랜드 북섬에서 내가 만나게 된 풍경이다
우리 식구끼리 와서
일정에 쫓기는 것도 없이
마음까지 평화로워져서
호숫가 바위에 앉아
호수 한 번 바라보고
하늘 한 번 쳐다보고
나를 병아리 되게 하는 곳이다
한없이 앉아
찰랑이는 호수와 바람에 몸을 싣고
심신의 기력을 회복하고 싶다

데카포호수

아침부터 사유지를 입장료 주고
차 타고 구불구불 올라가면서
관광지 만들려면 국유화부터 해야지
중얼중얼 올라갔더니
생가보다 높은 곳에 위치한 정상과 카페
그리고 생각보다도 웅장하고
고요한 아름다운 풍경
모든 말들을 다 잠재웠다
넋 놓고 바라보다가
자연의 신비함에 매몰되는 것 같았다
사람의 힘으로 못 하는 게 없다지만
자연 앞에서는 참 하잘 것 없다는
생각이 들었다

마운트쿡 트레킹

트레킹. 그것은 젊은이들의 전유물이다
그런 생각을 가지고 있는
많이 살았고 병까지 든 내가
자식들 도움받아 내가 걸었다
빙 둘러싼 설산
구불구불 예쁜 산길과
구름다리 풍경을 즐기며
내가 주인공 되어 힘들지도 않게 걸었다
일정상 정상은 못 가고
마운트쿡 산이 보이는 곳까지 가서
간절한 마음을 전하고 왔지만
참 새롭고 즐거운 산행이었다

휴식

여행을 다니다
넓고 푸른 호숫가에서
캠핑카에 있던 식탁 의자를 내놓고
내 어렵던 시절 추억
삼양라면을 끓여 먹었다
호수 건너 초록 언덕과
부는 봄바람이 어릴 적 추억을 모시고 와
그 속에서 노는 것이 어찌나 재미있던지
그리고 입속으로 들어가는 라면은
쫄깃쫄깃 또 왜 그리 맛나던지
만찬 후 따뜻한 커피 한 잔까지
조금씩 음미하며 다 마셨지만
그래도 미련이 남아
그냥 앉아서 황제 된 기분으로
행복하게 머물렀다

밀포드사운드

남섬 남서쪽 끝에 있다는 밀포드사운드
거기에는 키아새가 살고 있었다
앵무새과에 속한다는 그 새는
덩치도 컸지만 머리도 컸고 영리하단다
뉴질랜드에만 5,000여 마리가 살고 있다는데
멸종 위기고 보호종이었다
자연에서의 생존 본능을 지킬 수 있도록
먹이를 주지 말라는데
사람을 너무 따라서
안주고는 죄의식 들어 못 배기게 한다
그곳에 도착하기까지는 너무 험하고
산적이 나오던 산중 같고
속이 쫄깃쫄깃했다
하지만 그런 숲속을 걷는 상쾌한 기분이 좋았고
또 한편으로는 울적하기도 했다

밀포드사운드 크루즈

뉴질랜드에서 관광지로 제일 사랑받는 곳
바다가 내륙 깊숙이 들어와
파도가 없다는 그곳은
아름다운 것은 다 모아 놓은 것 같은 곳이다
주위에 절묘한 산에서 떨어지는
폭포와 기암절벽들
그중에도 큰 폭포는
나이아가라 폭포와 견줄 수 있으려나
배가 가까이 가서 볼 수 있게 되어 더욱 좋았고
전혀 오염되지 않아서 더욱 좋았다
정말 오기를 잘했구나!
가슴 꼭 쓸어안으며 감격했다
그 배에선 우리나라 신라면을 팔고 있었다
관계도 없는 나는
또 한 번 행복했다

팬케이크 국립공원

팬케이크처럼 수많은 바위가
파도에 잘라졌다고
이름 붙여진
팬케이크 국립공원

뉴질랜드에서 강한 바람과
너울대는 파도를 처음 보았다
몰아치는 파도와
그 파도에 구멍 뚫린 바위들
나오는 감탄사는
아! 음! 어!

우리나라 갈대처럼
그곳에서 강해 보이는 풀
자연의 신비에
또 한 번 감탄했다

비 내리는 홍콩

내 생전 홍콩은 갈 일 없을 거라 했다
서울 한복판처럼 붐비고 정신없을 거라 했다
나쁜 예감은 왜 그리 잘 맞을까
바쁘게 걷는 걸음걸이까지 똑같다
기름에 튀겨낸 음식들은 입이 거부하고
속에는 더 안 맞고
그러나 시내 한복판에 있는 쉐라톤호텔에서
내려다본 야경은 황홀했고
첫 새벽 눈 뜨고 내려다본
조용한 도시는 더욱 아름다웠다
이 땅 비싸다는 홍콩에
휘황찬란하게 빛나고 있는
삼성 엘지 로고를 보니 그것도 좋았다
도시는 속성상 인간 본연의 모습보다는
존재 가치를 확인받으려 하고
인정받고 싶어 한다

안녕

안녕
사연도 많고 사건도 많고
사랑도 하고 미워도 했던
나의 그대여 안녕
사람들과 융화될 수 있도록 노력해서
이제 다가오는 노년
가만있어도 외로울 인생
딱따구리 같은 나도 없을 인생
조금이라도 위안받고 살기를
이만하면 행복했노라
잘 살았노라
나중에 흐뭇한 날을 맞이하기를

내가 사는 이유고 보람이고
내 삶을 지탱해주고
나이 먹고는 내 의지가 되어줬던
내 소중한 자식들 안녕
잘 살 것을 알면서도
그보다 더 잘 살기를 바라며

평화롭고 행복한 인생 살아가기를
가끔은 엄마가 어떤 마음이었을까
생각하며 더욱 잘 살아주기를
그리고 건강하기를
세상은 돌아가니까 세상사 걱정 조금만 하고
이젠 당신만 생각하며 살아주기를
늙고 파리한 엄마 모습 보는 우리들이
그리되기를 바라는 마음을 알아주기를

다사다난한 각자의 생활 속에도
서로를 걱정하고 모이면 배꼽 잡고 웃으며
피로를 푸는 우리 형제자매들 안녕
빈자리 탓하며 허허롭다 슬퍼하지 말고
그러기엔 앞날이 그리 길게 남지 않았을지도
모른다는 것을 인지하고
그래도 힘 있을 때 자꾸 모여서
웃고 떠들고 행복해하길
내 삶의 활력소였던 형제여 안녕

내가 형제보다 더 의지 되고 좋다고 자랑하던
백봉 내 친구
나보다 덜 나이 먹은 만큼 더 언니 되어
내 투정 다 들어주고 내 인생 위로해주던
고마운 친구
내가 상상했던 이별은 아니지만
불현듯 닥치는 이별도 나쁜 것은 아니구나 하는
생각도 들고 이런저런 숙제를 주고 가는 게 미안도
하고
자신을 먼저 생각하고 꿈꾸고
행복하여라

인생의 좋은 인연으로 맺어서 의지하고 하소연
하고
내 말만 하고 산 것 같은 우리 동서님
누군가의 위로가 꼭 필요한 당신 말은 정작 들어
주지도
못하고 내 말만 한 것이 부끄럽네
둘이서만 어딘가 여행도 가고 싶고

살아가는 얘기도 하고 싶고
이런 것을 마음속으로만 하다만 나로서는
끝까지 고맙고 미안하고 떳떳하지 못한 마음
내 평생 의지하고 살아왔다
바보 같은 하소연, 안녕 안녕

주위에서 어울려 살아온 사람들도
이런 상태로 여기까지 왔다는 게 참 행복하다
이렇게 가슴 활짝 열어 만족하며
이만큼 안온하게 그날을 기다릴 수 있게 된 나도
정말로 고맙고 대견하다
다들 믿어주시길
내가 내 삶에 만족해한다는 것을
그리고 행복해한다는 것을
그러니 슬퍼하지 마시길
안녕
꿈속에서나 만나질 인연들이여 안녕!

덫

가을 어느 날

딸 이지은

햇빛 따스한 날
바람 선선한 날
정자에 누워 설핏 잠든
얼굴을 바라봅니다
평범하고 평화로운 날들이
이렇게 오래 계속되기를
바라고 소망합니다

엄마

딸 이지은

아이가 자라 어른이 되면 작아질까요
커다랗고 포근했던 엄마라는 자리는

아이가 자라 엄마가 되면 옅어질까요
사랑 넘치고 든든했던 엄마라는 자리는

내가 아직 철부지 어른이라
모자란 것 투성이인 엄마라 그런지

시간이 갈수록 그 자리는 크고 짙게 드리워서
생각합니다
지금껏 내가 걸어온 모든 길에 당신이 있었음을
사랑하고 사랑합니다

행복합니다

아들 이민혁

나는 행복합니다.
남부럽지 않은 가정에서 태어나
경제력 있는 아버지, 가족을 사랑하는 어머니를 만났고
가지고 싶은 것 대부분을 가질 수 있어서 행복합니다.

나는 행복합니다.
그동안 싸움 한 번 한 적 없는 아내를 만나
아침에 일어나 아빠를 찾는 두 딸이 태어나고
내가 사랑하는 사람들이 옆에 있어 행복합니다.

나는 행복합니다.
지금 나의 직업에 만족하고
매일매일 새로운 여행을 계획하며
이 행복이 영원하기를 바랄 수 있어 행복합니다.

엄마

아들 이민혁

그동안
사랑을 뺏어 먹고
시간을 뺏어 먹고
돈을 뺏어 먹고
걱정을 뺏어 먹고
모든 걸 뺏어 먹고

이제는
사랑을 줄 수 있고
시간을 줄 수 있고
좋아하는 것들을 사 줄 수 있고
걱정을 덜어 줄 수 있고
모든 걸 줄 수 있는데……

줄 수 있는 시간이
길게, 조금 더 길게,
나에게 주어지기를

이 도서의 국립중앙도서관 출판예정도서목록(CIP)은 서지정보유통지원시스템 홈페이지(http://seoji.nl.go.kr)와 국가자료공동목록시스템(http://www.nl.go.kr/kolisnet)에서 이용하실 수 있습니다. (CIP제어번호 : CIP2018033683)

시골 아낙
인생 이야기

초판 1쇄 발행 2018년 11월 1일

지은이 정영숙

펴낸곳 책나무출판사 **펴낸이** 임병천
출판신고 2004년 4월 22일(제318-00034)

주소 서울시 영등포구 신길3동 325-70 3F
전화 02-338-1228 **팩스** 0505-866-8254
홈페이지 www.booktree.info

ISBN 978-89-6339-592-0 03810